LES
BALLONS INCENDIAIRES

ET
LA RÉVOLUTION

PAR

CONSTANT GUIMARD

TROISIÈME ÉDITION

RENNES

FOUGERAY, LIBRAIRE, RUE AUX FOULONS, 19

NANTES

MAZEAU, LIBRAIRE,
RUE SAINT-PIERRE, 2

MORIN, LIBRAIRE,
PLACE NOTRE-DAME, 2

1877

LES
BALLONS INCENDIAIRES

ET
LA RÉVOLUTION

PAR

CONSTANT GUIMARD

———

TROISIÈME ÉDITION

———

RENNES

FOUGERAY, LIBRAIRE, RUE AUX FOULONS, 19

———

NANTES

MAZEAU, LIBRAIRE, MORIN, LIBRAIRE,
RUE SAINT-PIERRE, 2 PLACE NOTRE-DAME, 2

1877

Paris. — Imprimerie de E. DONNAUD, rue Cassette, 1.

LETTRE AUX OUVRIERS FRANÇAIS

Ayant quelque chose à vous dire, dans notre intérêt commun, je commence par vous déclarer que je ne suis point un aristocrate. J'appartiens comme vous à la classe ouvrière, et je m'en fais honneur. Je n'ai reçu aucune faveur de la noblesse, pas plus que de l'État, et cependant si je viens aujourd'hui m'entretenir avec vous, c'est uniquement pour tâcher de vous mettre en garde contre les flatteries perfides des démagogues qui, pour capter vos suffrages, vous promettent de faire disparaître l'odieux spectacle de l'opulence oisive et dédaigneuse. J'ai pensé qu'il serait bon de vous faire observer, en passant, que les révolutions n'ont pour effet que d'attirer sur vous la misère en ruinant le pays par le chômage des affaires. Car il est malheureusement trop vrai que la moindre perturbation sociale, en France, peut prendre facilement les proportions d'un désastre national.

Tout bouleversement, comme celui que l'Internationale prépare en ce moment, ne saurait profiter qu'à un très-petit nombre de ces ambitieux de l'*aristocratie* démocratique, qui ne tardent pas à devenir d'autant plus *aristocrates*, que leur bassesse de la veille contraste davantage avec leur fortune du lendemain. Ces *aristos* de taverne vous parlent de « gouvernement à bon marché », de libertés civiles et politiques, d'égalité sociale, etc. Et puis, la première chose qu'ils font, en arrivant au pouvoir, c'est de s'enrichir bien vite, en prenant à pleines mains dans les caisses publiques, pour eux et leurs amis, après avoir supprimé, comme au quatre septembre, tous les corps électifs, depuis le Sénat et la Chambre, jusqu'aux conseils municipaux des plus petites communes, afin que rien ne puisse faire obstacle au gaspillage des millions nécessaires pour un bon carnaval républicain. Alors, comme au milieu d'une orgie, ça hurle contre les cléricaux, à la manière du « fou furieux » et autres de son espèce, qui dénoncent le catholicisme comme « un ennemi », parce que c'est un juge incorruptible.

On les entend dire que le peuple est roi, et que sa volonté seule fait le droit, même en violant les lois divines. Mais voyez donc comment ils respectent cette prétendue souveraineté populaire ! Voyez-les donc à l'œuvre, tous ces gens-là, depuis le franc-maçon Bismarck, pour lequel les *travailleurs* ne sont que de « la valetaille », jusqu'au dictateur Gambetta, qui affecte de ne considérer ses égaux de la veille que comme un troupeau d'*imbéciles*. Car c'est là tout ce que le radical borgne a retenu de la fraternité *bourgeoise* de son *parrain*, le « révolutionnaire » Adolphe Thiers, qui désignait, même ses électeurs parisiens, sous le nom de « vile multitude »; bonne tout au plus à lui servir de marchepied, et à lui bâtir, aux frais de l'État, cet hôtel d'un million, qui est une preuve assez curieuse de la manière *démocratique* dont ce *patriote* savait concilier le désintéressement *républicain* avec les intérêts de sa bourse.

Comparez maintenant ces divers procédés de l'égoïsme dédaigneux avec la tendre sollicitude dont les classes ouvrières sont l'objet de la part de l'Église.

Cette bonne mère ne cesse de multiplier ses établissements de bienfaisance en faveur des enfants du peuple.

Ses écoles deviennent de plus en plus nombreuses et les concours ont proclamé bien haut que son enseignement est supérieur à tout autre. Des cercles s'organisent également sous sa direction, afin que les ouvriers des villes, surtout ceux qui ne connaissent pas les douceurs du *chez-soi*, puissent se procurer d'honnêtes divertissements, et goûter ainsi les charmes de la véritable fraternité.

Ses soins maternels ne se bornent pas là. Elle emploie tous les moyens en son pouvoir pour reconstituer ou conserver la vie de famille à la campagne, où il est si important d'entretenir à domicile cette franche gaieté qui est, en France, la compagne inséparable de l'aisance et des bonnes mœurs.

Voilà, mes bons amis, les quelques réflexions que j'avais envie de vous communiquer. Et il me semble que par ce temps d'épidémie révolutionnaire, tous les conservateurs feraient bien de causer ainsi, chacun à sa manière, au moins avec ceux de leur voisinage; quand bien même ces sortes d'entretiens n'auraient pour effet que d'enlever la parole aux radicaux, qui exploitent l'opinion publique pour s'emparer du gouvernement, en se jouant du soldat qu'ils font obliquer à gauche, comme la majorité royaliste de l'Assemblée nationale.

Quoi qu'il en soit de votre manière de voir à ce sujet, je vous prie de croire à toute la sincérité des vœux que je forme pour votre bonheur.

Votre très-affectionné,

Constant GUIMARD

PRÉFACE

—

Une voix vient de se faire entendre sur la plage africaine et les échos nous ont redit :

« Tout semble dans le vieux monde s'acheminer vers le chaos.

» Partout des foules aveuglées s'excitent dans l'ombre à se ruer sur une société qui s'est livrée d'avance au nombre et à la vigueur de leurs bras. L'absence de tout principe, l'ambition de tout posséder, la rage de tout détruire, l'audace croissante des uns, la faiblesse et les illusions incurables des autres, préparent l'heure des suprêmes épreuves ; et les sourds tremblements du sol annoncent les cataclysmes qui couvrent la terre de laves brûlantes. »

Les quatre vents du ciel ont porté à tous les hommes d'État cet avertissement d'une sentinelle que la Providence a placée aux avant-postes de la civilisation. Eh ! c'est bien en vain que l'homme de plaisirs et les gens d'affaires s'efforcent de se dissimuler la gravité de la situation. Nous sommes comme à la veille d'un de ces grands orages qui mettent tout en péril ; ce qui n'explique que trop la dernière recommandation de la Mère de Dieu, aux trois voyantes, à Marpingen, le 3 septembre de cette année 1877 :

« Priez beaucoup ! »

Le dénouement de la crise approche, et il n'y eut peut-être jamais lieu de se demander avec plus d'anxiété, si une incapacité flagrante de nos gouvernants va permettre à la France catholique de se trouver à la hauteur de sa mission providentielle, qui est d'occuper la première place au sommet des choses humaines.

Le vainqueur de Rosbach disait en un jour d'épanchement :

« Si j'étais roi de France, je ne voudrais pas qu'un seul coup de canon pût être tiré en Europe sans ma permission. »

Cette parole, qui est une double révélation, suffirait pour immortaliser l'homme qui s'est trouvé capable de la prononcer, après nous avoir vaincus.

Un autre victorieux a exprimé la même pensée, sous une forme différente. C'était en 1814. L'empereur Alexandre marchait contre nous à la tête des armées de l'Europe. Il nous vainquit parce que nos légions triomphantes avaient été ensevelies sous les neiges de la Russie comme celles de Cambyse dans les sables de la Libye. Ce potentat qu'un caprice de la fortune venait de rendre l'arbitre de nos destinées, embrassa du regard les diverses péripéties de notre existence ; puis, comme s'il y eût découvert les secrets de l'avenir qui nous est réservé, il dit, dans une proclamation restée célèbre, que « pour le bonheur de l'Europe, il faut que la France soit grande et forte. »

Le monarque omnipotent qui parlait ainsi était pourtant celui-là même qui avait été contraint, quelques mois auparavant, d'incendier sa propre capitale pour arrêter le cours de nos victoires. Mais il prévoyait que le peuple français, tombé en ce moment sous le poids de ses lauriers, recouvrerait un jour toute l'énergie de sa vitalité. Le czar sentit que la prééminence lui échapperait comme à tout autre, dès que le souffle de l'inspiration viendrait à passer sur la patrie des héros. Car ce n'est un mystère pour personne que le soldat français ne saurait résister à l'effet magique que produit sur son âme l'étincelle du génie ; c'est pourquoi le chef des alliés crut sagement qu'il valait mieux que la France fût une nation « grande et forte » ; afin qu'elle possédât, dans toute sa plénitude, cette magnanimité qui lui est si naturelle, et qui sera toujours le caractère distinctif de toute puissance véritablement grande et forte.

Malheureusement nous avons des hommes d'État qui paraissent ne rien savoir de tout cela. Toute leur habileté semble consister à nous tenir à l'ancre ; comme si ce n'était pas là, dans certaines circonstances, la plus compromettante des situations. Ils ne cessent de répéter leurs déclarations à ce sujet, avec l'accent de la plus ineffable naïveté. On dirait qu'ils ne se doutent même pas de l'immense danger qu'ils nous font courir ainsi, en exposant l'Europe à les croire sur parole, et à se persuader qu'il n'y a plus à compter sur nous.

L'indécision et le manque d'énergie politique continuent de s'accentuer d'une manière si inquiétante, dans les hautes régions gouvernementales, que j'ai cru qu'il serait bon de placer, sous les yeux de Mac-Mahon, le récit d'une aventure qui montre combien il devient nécessaire, dans certaines situations exceptionnellement critiques, de remplacer les poltronneries académiques de salons par l'audace du soldat ou du marin :

« Debout près du gouvernail, » comme un chef de gouvernement, « le capitaine cherche à régler, avec le peu de voiles qui restent, la marche du bâtiment : tantôt il considère fixement l'horizon de plus en plus noir ; tantôt il se promène à grands pas, comme pour abréger les moments et modérer son inquiétude. Un mortel effroi règne dans tous les cœurs ; nul ne sait s'il a encore une heure de vie à espérer. Tout à coup, une vague s'élève, plus haute que les autres, et pousse violemment le flanc du navire ; un craquement se fait entendre. « Que Dieu nous protége ! » crient les matelots. « C'en était fait : nous touchions sur un banc de sable. En ce moment la tempête redouble ; le tonnerre gronde ; l'éclair étincelle et sillonne les nues livides ; les vagues, courtes et pressées, ressemblent à une meute d'animaux furieux qui harcèlent le navire ; elles jettent sur le pont des masses d'eau et de sable qui s'amoncellent un instant pour être violemment chassées l'instant d'après. De minute en minute, nous sentions, sous un puissant effort, la quille s'enfoncer plus profondément, et les parois craqueter avec un bruit sinistre, » comme les diverses parties de l'administration sous l'action d'une majorité radicale. « Oh ! qu'en pareils moments on fait bon marché des promesses de la fortune, et de quel prix on achèterait un peu de repos et d'espérance ! Aux cris des matelots qui s'appellent entre eux, » comme des ministres libéraux et ahuris ; « au grincement des mâts qui chancellent, » comme les deux Parlements d'une république conservatrice ; « au sifflement aigu des cordages tendus par le vent, se mêlent nos voix désespérées, qui se désolent et se lamentent.

» A chaque seconde, nous croyions toucher à notre dernier moment ; éperdus, hors de nous, nous priions à genoux et nous suppliions le capitaine de ne pas nous laisser périr, comme si le brave marin eût eu entre les mains de quoi nous sauver. Mais lui-même, hélas! se sent désarmé devant cette force aveugle de la tempête qui, » comme le suffrage universel, « balaye, renverse et broie tout sur son passage. « Donnez-moi, disait-il, un moyen, si vous en connaissez un, pour que je l'essaye ; Dieu m'est témoin que je payerais volontiers votre sûreté de tout mon sang. » Un vieux matelot, à ce moment, vient lui parler à l'oreille, et le capitaine pâlit. Il hésitait ; mais le matelot redoubla d'instances, et sa proposition, téméraire peut-être, fut enfin agréée. En un clin d'œil, le vaisseau déploie tout ce qui lui reste de voiles : nous nous noierons, ou nous passerons. Une minute s'écoula, longue pour nous, comme un siècle; nous courbions la tête et nous ployions les reins, comme sous le coup de la mort déjà présente, sentant que l'une de ces montagnes d'eau que nous voyions venir nous délivrerait ou nous tuerait tous. Elle vint et nous délivra ; sous le double effort du vent et de la vague, la quille du vaisseau glissa en criant sur le banc de sable, et le dépassa. Un moment après nous voguions dans les eaux encore furieuses, mais désormais impuissantes. »

LES

BALLONS INCENDIAIRES

ET

LA RÉVOLUTION

On persiste à croire qu'avec de nouvelles fortifications qui vont coûter 200 millions nous allons enfin réussir à rendre Paris définitivement *imprenable*.

Je ne sais pas si de pareilles affirmations seront assez puissantes pour nous jeter encore dans cet état de sécurité funeste où nous avons été surpris par l'Allemagne; mais l'on peut être bien sûr que cet *imprenable* aura un jour le même sort que le fameux *impossible* d'autrefois; car, quelque parfait que puisse paraître le nouveau plan, il n'en sera pas moins tout à fait insuffisant pour protéger la capitale quand les armées feront usage des canons perfectionnés (1) et même seulement des ballons incendiaires.

Les monuments, les chefs-d'œuvre de l'art, la fortune et la vie des citoyens ne pouvant plus être en sûreté dans une ville assiégée, les gouvernements vont être obligés d'avoir recours au système des camps fortifiés, qu'on devra substituer aux places fortes qui ne pourront plus échapper à l'incendie qu'en devenant des villes ouvertes.

Cette assertion doit être regardée comme bien peu *scientifique*, par des hommes spéciaux qui ont passé toute leur vie à contempler de beaux tracés géométriques et à étudier les savantes formules de la balistique. Ces personnages *experts dans la partie* ne devraient pourtant pas oublier que toutes leurs savantes théories ont été mises en pièces par la *brutale* démonstration de 1870-1871. Ils ne peuvent pas ignorer non plus que nous avons vu quelques-uns d'entre eux pousser la naïveté, jusqu'à pré-

---

(1) Voyez le mémoire : *Les Fortifications de Paris et les Armes nouvelles.*

tendre que les canons à longue portée devaient être plus nuisibles qu'utiles à ceux qui les emploieraient. Ces messieurs, qui sont si *capables*, pourraient facilement prouver, à l'aide d'une formule algébrique, que les forts sont faits pour recevoir les coups, et qu'il est très-*incorrect* et même très-impoli de détruire une ville sans s'occuper des fortifications. Mais nous savons tous maintenant qu'il en est de la politesse comme d'une certaine balistique classique : en temps de guerre il n'y a pas à s'y fier !

Il ne serait pas beaucoup plus difficile pour des hommes si *compétents* de démontrer, par le moyen d'une autre formule, que Mahomet II fit une chose fort *incorrecte*, quand il s'avisa de faire jeter sa flotte dans le port intérieur de Constantinople. Cependant cette grande capitale fut si bien prise, malgré sa triple enceinte de fortifications, qu'elle est restée la proie du vainqueur qui aurait pu la détruire s'il n'avait jugé à propos d'y placer son trône, ce qui prouve qu'il y a des procédés *étranges*, comme des armes *incorrectes*, contre lesquels les plus savantes formules ne peuvent rien.

Cette manière de faire manœuvrer les escadres est certainement contraire à toutes les règles de l'art, mais enfin l'entreprise réussit bien et c'était tout simplement ce qu'il fallait aux vainqueurs. Ces gens-là n'étaient que des « butors », et pourtant ils figureront avec plus d'éclat dans l'histoire que ces armées savantes commandées par des généraux très-savants aussi; mais dont le talent n'a brillé que dans la rédaction des pièces justificatives, où ils ont bien solidement établi qu'ils s'étaient fait battre selon toutes les règles de l'art. Un de nos généraux a laissé sérieusement à désirer sur ce dernier point. C'était un très-brave soldat, tout couvert de décorations et qui n'a point trahi, malgré tout ce qu'en a dit le *fou furieux* qui ne s'entendait bien qu'à décréter des calomnies *officielles*, et à faire piller la France au nom du patriotisme(1). Cet intrépide général en chef qui avait conquis tous ses grades à la pointe de l'épée, crut pouvoir se dispenser de faire hacher son armée pour prolonger une guerre meurtrière que l'insurrection

---

(1) A ceux qui m'ont demandé comment j'ai pu savoir qu'il n'y a pas eu là de trahison, je me contenterai de répondre que ce crime ne figure pas parmi les considérants qui ont motivé la condamnation de Bazaine.

du 4 septembre devait nécessairement rendre fatale à la France. Tout le monde sait qu'il s'en est mal trouvé. D'abord il a été condamné à périr à la manière d'un communard, puis jeté encore vif dans un fort où la mort serait pour lui une faveur, s'il pouvait croire que la postérité ratifiera le verdict qui l'a foudroyé sans le tuer, tout en le dégradant sans le déshonorer. Cet événement aussi étrange que la plupart de ceux auxquels nous venons d'assister, prouve que notre législation est abominablement faussée par l'esprit révolutionnaire, puisqu'elle a imposé à des juges impartiaux, l'obligation de condamner à un tel supplice l'un de nos plus grands hommes de guerre; tandis qu'elle laisse la justice désarmée contre un Gambetta qui, à force de spéculer sur le patriotisme, a tout désorganisé, dans l'armée aussi bien que dans l'administration, et dont la

. . . .

. . . .

. . . .

pousser le cynisme jusqu'à se servir de la tribune parlementaire pour menacer les conservateurs des rigueurs de « la justice régulière. » Je ne comprends pas qu'on puisse maîtriser son indignation, surtout en voyant ce nouveau conventionnel s'attaquer directement aux représentants de l'autorité, et les apostropher en leur disant : « Vous n'êtes que des serviteurs insurgés contre le droit, » que nous, la majorité radicale de la Chambre, nous allons poursuivre, afin de « donner à la conscience nationale cette satisfaction que, si haut placés que vous soyez, vous n'êtes pas au-dessus du châtiment des lois. »

Au mois de juillet de cette année 1877, un député fort bien renseigné a publié un ouvrage, où l'on voit ce qu'était Gambetta peu d'années avant la guerre, et comment il a su profiter de nos désastres pour s'enrichir.

« M. Gambetta était, dit l'auteur, un étudiant du quartier latin, sans sou ni maille, cherchant des causes et sa voie sur les marches du palais de Justice.....

» A présent, il est riche, il a un hôtel, un équipage, il joue vingt-cinq louis à l'écarté, à la bouillotte ou au baccarat, et il a une suite nombreuse de courtisans, qu'il traite, du reste, comme ils le méritent, avec la dernière insolence ; il paraît dépenser cent mille francs par an, rit bien haut, engraisse, et considère ses subordonnés et ses flatteurs comme des imbéciles. »

Voilà l'homme qui, se croyant au jour de la Terreur, a

cru pouvoir donner le coup de grâce au président du conseil des ministres du Maréchal, en lui criant du haut de la tribune : Vous êtes un aristocrate ! Vous et vos collègues, vous êtes. . . . .

Ce fut alors qu'un député s'écria aux applaudissements de la droite : « Commencez par rendre vos comptes avant d'appeler. . . . . . . ! »

Ses comptes !... Ah ! grand Dieu, où sont passés tous ces millions dont la Cour des comptes n'a pu trouver aucune quittance?... Mais, qu'est-ce que cela, auprès du

. . . .
. . . .
. . . .
. . . .
. . . .
. . . .
. . . .
. . . .
. . . .

Faut-il donc que l'impunité . . . . . . soit un encouragement à commettre ces crimes qui font reculer la *Justice* épouvantée?...

Tout le monde se rappelle qu'en vertu d'un pouvoir qu'il s'était arrogé, Gambetta s'est permis. . . .

. . . .
. . . .

qui réclamait vainement les armes que la Bretagne, par une imposition spéciale, avait elle-même payées pour ses enfants. Aux supplications rendues si pressantes par le plus ardent patriotisme, et aussi par les souffrances inexprimables d'une situation plus intolérable que le supplice infligé aux galériens, le dictateur répondit avec une atroce brutalité qui se traduisait par des actes : Non ! vous n'aurez pas les armes que vous réclamez ; car si vous veniez à remporter la victoire, mon gouvernement *dictatorial* serait compromis et pourrait être remplacé par l'empire royal d'Henri V.

Si cette conduite de Gambetta ne reçoit. . . . . .

. . . .
. . . .
. . . .
. . . .
. . . .
. . . .

. . . . Consultez les
documents officiels, feuilletez les *registres de décès* dans
les communes de *Bretagne*, et vous serez saisis d'épouvante
et attendris jusqu'aux larmes, en voyant tout ce qu'il en
a coûté à cette jeunesse bretonne d'avoir été condamnée
à pourrir dans la boue. Ah! si la voix de l'honneur qui
réclame une éclatante réparation; si le cri du sang qui
appelle un châtiment exemplaire; si les larmes des mères
et le deuil de tant de familles ne sufisent pas pour forcer
la *République* à nous rendre justice, que faut-il donc
. . . .

. . . .
n'eût-il pas mieux valu traiter le général en chef de l'armée de Metz avec moins de sévérité, en donnant à la loi
une interprétation plus en rapport avec la situation tout
à fait exceptionnelle où s'est trouvé Bazaine après le 4 septembre? Quoi qu'il en soit, l'honneur militaire et la profonde reconnaissance que nous devons à l'homme qui verse
son sang sur le champ de bataille, exigent que les mesures
les plus rigoureuses soient prises pour que l'*homme d'honneur* par excellence, ne soit pas réduit à la dure nécessité
de quitter le drapeau en présence de l'ennemi, ou de violer
son serment pour obéir à quiconque s'empare du pouvoir
à la faveur d'une insurrection.

L'incident relatif à la capitulation d'un Bazaine livrant
à l'ennemi son armée devenue *prisonnière* dans une ville
imprenable, n'apparaît ici que comme l'un des épisodes
de cette existence toute composée de surprises, qui est
l'apanage de la société actuelle. Au milieu de l'agitation
de notre époque, les événements les plus invraisemblables
s'accumulent avec une telle rapidité, qu'une nation peut
d'un jour à l'autre se trouver dans les plus grands dangers, si elle néglige de se précautionner contre les éven-
tualités de l'avenir; c'est pourquoi je me suis décidé à
parler de l'usage qu'on peut faire de l'aérostat comme
engin de guerre; puis du contre-poison à opposer à l'action de la révolution qui, en viciant le pouvoir, peut
jeter le trouble dans les esprits, au point de rendre incer-
tain sur la conduite à tenir, même dans les plus graves
questions de potriotisme, comme on le voit par ce qui
s'est passé à Metz.

Les ballons incendiaires peuvent être faits avec de la
toile ou du papier gommé. Ils doivent être garnis de
flocons disposés de manière à étendre l'incendie, sous

l'action du vent, après que l'inflammation aura été déter-
minée, dans les airs, par un procédé très-simple, à une
distance calculée d'avance à l'aide d'un ballon d'essai. Les
flocons se composent d'étoupe tordue, imbibée d'huile de
pétrole et nouée autour d'une petite boîte de poudre dont
l'effet sera de lancer, dans toutes les directions, les lambeaux enflammés des flocons tombés sur les toits et dans
les rues. Cet épouvantable engin de destruction suffirait
pour incendier des villes, aussi bien que les flottes dans les
ports où elles sont maintenant le plus en sûreté, puisque
dans une seule journée, par un temps chaud et à l'aide
d'un vent convenable, on pourrait lancer une quantité
innombrable de ces flocons tombant comme une pluie de
feu. Et une expérience dont j'ai vu le résultat a prouvé
qu'un ballon en papier, de 3 m. de hauteur et de 2 m. de
diamètre, suffit pour transporter, à 5 ou 6 lieues, une
assez grande quantité de matières inflammables pour
former un brasier.

Comme la description et la théorie de ce nouvel
engin de guerre ne se trouvent encore dans aucun des
manuels à l'usage de l'Ecole polytechnique, ce travail
ne sera peut-être accueilli d'abord par certains mem-
bres des savantes commissions, que par ce sourire narquois
que bien des officiers n'oseraient pas affronter, même
depuis la perte de nos deux provinces. Mais l'envie de rire
n'est pas un état permanent, à moins qu'elle ne soit devenue
un symptôme de maladie, ce qui n'inspire plus que de la
pitié. Toutefois, comme le prestige des classiques joue
assez souvent le principal rôle, dans ces sortes de questions,
je prie ces railleurs de vouloir bien se rappeler qu'Annibal
ne trouva nullement indigne de sa grande renommée militaire, d'employer un procédé bien plus *insolite*, et même
tellement bizarre, que l'officier qui oserait adresser une
pareille proposition à nos savantes commissions, courrait
grand risque d'être envoyé à Charenton, sans même recevoir l'exemplaire autographié de la formule traditionnelle ;
cette sorte de mention honorable (à l'envers), dont l'effet
ordinaire est de retarder, de quelques années, l'emploi des
nouveaux engins frappés du *veto* scientifique, comme cela
est arrivé pour le fusil à aiguille, si dédaigneusement
rejeté d'abord en France, mais auquel la Prusse doit
l'empire d'Allemagne.

Voici ce que nous lisons dans l'histoire d'Annibal : « Il
employa un stratagème assez extraordinaire dans un

combat naval. La flotte des ennemis étant plus nombreuse que la sienne, il appela à son secours la ruse. Il fit renfermer dans des pots de terre, toutes sortes de serpents, et donna ordre de jeter ces pots dans les vaisseaux des ennemis... Ceux-ci, d'abord n'avaient fait qu'en rire (1), surpris qu'on employât contre eux de telles armes ; mais quand ils se virent environnés de serpents qui sortaient de ces pots cassés, la frayeur les saisit ; ils se retirèrent en désordre et cédèrent la victoire à l'ennemi. » Je parierais bien que parmi les hommes à savantes formules, il y en a qui préféreraient se laisser battre *correctement*, plutôt que de consentir à employer un procédé aussi peu *scientifique*. La *formule* est pour eux, ce que la *République* est pour ces gens qui n'hésiteraient pas un instant.

. . . .
. . . .
. . . .
. . . .
. . . .
. . . .
. . . .
. . . .

Franklin disait en parlant du ballon : « C'est un enfant, l'avenir est à lui. » Cette parole prophétique paraîtra n'avoir rien d'exagéré, si l'on considère l'emploi que l'homme a su faire de la planche flottant sur les eaux, surtout depuis les grandes découvertes que le génie a faites malgré toutes les résistances de la *science*.

Il est certainement plus facile et moins dispendieux de confectionner des centaines d'aérostats, que de construire ces flottes nombreuses qu'une tempête ou un seul combat peut engloutir, en causant des pertes dont les désastres d'Aboukir et de Trafalgar nous ont fait connaître toute l'étendue. L'emploi des ballons incendiaires ne met point en péril l'existence d'un personnel instruit et expérimenté, comme celui sans lequel les flottes ne sont que de peu d'utilité dans les batailles navales ; et pourtant, il y a déjà tout lieu de croire que, pour les siéges des villes, les ballons incendiaires pourraient réduire le canon lui-même à

---

(1) Comme des hommes à savantes formules.

n'avoir plus qu'une importance secondaire, analogue à celle qu'ont les armes blanches depuis l'introduction de l'artillerie dans les armées. En effet, si l'on a pu tirer autrefois un si grand parti du feu grégeois employé comme brûlots ou lancé avec des sarbacanes, que deviendrait une ville sous l'action de ce feu qui dévore le fer lui-même et que l'eau ne peut éteindre? Cependant il est très-facile aujourd'hui de faire tomber ce feu sur une ville assiégée. Et l'on ne doit pas ignorer que la flamme du pétrole est susceptible de recevoir à cet effet un degré d'intensité bien plus que suffisant.

Le feu grégeois pouvait être employé « sur terre et sur mer, dans les combats et dans les siéges des villes... Cette préparation se conservait en poudre ou à l'état liquide, sous forme d'huile... Une fois allumée, l'eau augmentait son activité au lieu de l'éteindre; elle brûlait au sein de ce liquide comme dans l'air... En 660, Constantin Pogonat, attaqué par les Sarrasins, dut à ce feu sa victoire navale, près de Cyzique, dans l'Hellespont. .... Armé de ce feu terrible il brûla la flotte entière des ennemis, montée par 30,000 hommes. » On a perdu le secret de cette composition, mais, « sous Louis XV, Dupré de Mayen, chimiste à Grenoble, en inventa un semblable et dont l'essai, fait à Brest, eut un plein succès; le roi récompensa l'inventeur à condition qu'il garderait le secret sur une découverte qui pouvait devenir si funeste pour l'espèce humaine. »

Cette mesure, dictée par un sentiment d'humanité, fait honneur au roi, mais elle n'est guère rassurante, car une découverte de cette nature peut être faite inopinément, comme on le verra plus loin, et l'histoire nous apprend que les conquérants ont coutume de mettre tout en œuvre contre une ville assiégée.

Tant que les citoyens ont pu vivre en sûreté, à l'abri de leurs remparts, l'usage de fortifier les villes a été une excellente mesure de précaution, mais il n'en est plus de même aujourd'hui. Il suffit de passer en revue tous les moyens de destruction dont l'homme dispose en ce moment, pour se convaincre que ce système de fortification n'est plus qu'un anachronisme. Il suffirait même de se rappeler que Strasbourg a été incendié par dessus ses *savantes* fortifications, garnie d'une *savante* artillerie dont le tir était dirigé par de savants officiers. Car, « Strasbourg, que l'on considérait comme l'un des boulevards de la

France, a été pris après un court siége qui n'a coûté aux Allemands que *neuf cents hommes hors de combat.* » Une seule mitrailleuse aurait pu causer autant de mal à l'ennemi sur un champ de bataille. « Vingt-deux de nos places fortes ont été prises et l'ennemi n'a fait qu'à trois d'entre elles l'honneur d'un siége : les autres ont été brûlées de loin sans que la fortification pût même abriter leurs habitants du bombardement. »

Quelle honte pour nos hommes à *savantes* formules de n'avoir pas même soupçonné que leurs *savants* travaux ne serviraient, en réalité, qu'à transformer nos places fortes en prison d'Etat, où le soldat et les citoyens devraient attendre dans de cruelles angoisses patriotiques, l'instant où le geôlier allemand viendrait prendre possession de la ville fatalement condamnée à se rendre pour échapper à l'incendie ! Cette douloureuse expérience devrait au moins suffire pour montrer la caducité d'un système de défense qui a permis aux Allemands d'enlever tous nos canons, avec aussi peu de danger que s'il s'était agi seulement de piller des parcs d'artillerie. Voilà des faits que personne ne peut nier. Malgré cela, nos *savantes* commissions restent enchaînées, par la routine, à peu près comme ces pauvres garnisons que la consigne livrait prisonnières à l'ennemi.

Les nouvelles fortifications de Paris ne paraîtront certainement pas plus parfaites que ne le parurent celles qui existent et qui semblent encore toutes neuves. On sait pourtant que ce chef-d'œuvre si vanté n'a pas même pu mettre notre Panthéon à l'abri des obus lancés par les Allemands, et qu'il n'a eu pour effet que de rendre la dernière guerre beaucoup plus désastreuse. Quand je songe aux ravages des provinces par l'invasion, à l'effroyable dépopulation et aux souffrances de toutes sortes qui ont été la conséquence du siége de Paris, je ne puis m'expliquer comment il peut se faire que des *hommes sensés* conservent encore quelque illusion relativement à l'utilité d'un Paris *imprenable.* Tout le monde se rappelle encore que Paris, défendu par un personnel immense, a été pris comme une simple citadelle, malgré toutes les ressources de la science et de l'industrie ; mais il y a des gens *très-sensés,* dit-on, qui semblent avoir déjà oublié que c'est parce que la capitale était une *forteresse,* que les scélérats de la Commune ont pu se procurer des armes perfection-

nées, et ce matériel considérable qui leur auraient permis
de détruire complétement cette grande cité, si Mac-Mahon
n'était pas arrivé à temps. Car en plein dix-neuvième
siècle, des républicains de la Ville-Lumière firent entendre
ces sinistres paroles: « Paris sera à nous ou ne sera plus. »
— « S'il le faut, nous brûlerons Paris. » Lisez à ce sujet
les détails suivants que j'emprunte au récit émou-
vant que nous devons à la plume d'un écrivain bien
connu :

« Dès le 20 mars, le comité central se met en rapport
avec M. Borme, le réinventeur du feu grégeois; aussitôt
que la Commune est élue, on constitue une délégation
scientifique, qui a pour mission d'expérimenter toutes les
compositions incendiaires que la science peut mettre au
service de la révolution. M. Borme, chargé de s'entendre
avec cette délégation, sut traîner si bien les choses en
longueur, qu'il devint suspect, fut arrêté par Ferré,
interrogé par Raoul Rigault, condamné à mort, écroué
au dépôt, et qu'il ne dut son salut qu'aux incidents que
nous avons déjà racontés. Le 22 avril « les détenteurs
de pétrole sont tenus de faire la déclaration par écrit de
leur stock, dans les trois jours, à la délégation scientifique. » Le 14 mai, « tous les détenteurs de soufre, phos-
phore et produits de cette nature, sont tenus de le faire
connaître sous trois jours. »

» Le 17 mai : « tous les dépositaires de pétrole ou
autres huiles minérales devront, dans les quarante-huit
heures, en faire la déclaration dans les bureaux de l'éclai-
rage, situés place de l'Hôtel-de-Ville, 9 ». Le 15 mai on
avait enrégimenté les incendiaires. Le membre de la
Commune, chef de la délégation scientifique, Parisel, avait
formé des équipes de *fuséens* sous les ordres du citoyen
Lutz..... On avait fait confectionner une prodigieuse quantité de mèches soufrées, non point plates, courtes et dures
comme celles qui servent à enfumer le renard au terrier,
mais rondes, flambantes, très-longues, flexibles et pouvant suivre facilement les circonvolutions d'un escalier
ou pendre contre un mur du haut d'une fenêtre.

» Toute précaution était donc prise : les matières inflammables, les bandes d'incendiaires étaient groupées
sous un chef; le comité de salut public et derrière lui la
Commune étaient résolus; mais, malgré la tyrannie sans
frein ni contrôle que l'on exerçait, on craignait que « le
peuple » ne consentît pas aisément à laisser incendier sa

ville. On voulut s'assurer du degré de délire révolutionnaire auquel il était parvenu, et l'on décida de donner un concert dans le palais des Tuileries. Cette « solennité musicale » fut annoncée par des avis publiés dans les journaux, par des affiches apposées sur les murailles, et dans quel style, bon Dieu ! »

Le comité de salut public « tenait à être renseigné sur l'impression que le peuple ressentirait en écoutant « les nouveaux *Tyrtées* ». En effet, le programme indiquait que l'on réciterait une pièce d'Hégésippe Moreau, intitulée : l'*Hiver*, titre fort modeste et banal qui cachait une excitation directe à l'incendie. Une actrice connue aux boulevards, où elle avait joué dans quelques drames à fracas, avait accepté de lire cette diatribe, qui fut d'abord écoutée assez froidement ; mais après les vers :

> Alors s'accomplira l'épouvantable scène
> Qu'Isnard prophétisait au peuple de la Seine.
> Au rivage désert, les barbares surpris,
> Demanderont où fut ce qu'on nommait Paris ;
> Pour effacer du sol la ruine des Sodomes,
> Que ne défendra pas l'aiguille de ses dômes,
> La foudre éclatera ; les quatre vents du ciel
> Sur le terrain fumant feront grêler du sel.
> Et moi, j'applaudirai : ma jeunesse engourdie
> Se réchauffera bien à ce grand incendie.

des applaudissements éclatèrent, la foule avait compris et s'associait aux projets criminels de ses dictateurs. Le soir, la même actrice récita les mêmes vers, avec le même succès au Théâtre-Lyrique. » O patriotisme du théâtre, que tu mérites bien d'être subventionné par l'Etat !...

Un tel enthousiasme fit comprendre au comité de salut public qu'il était « assuré de trouver des auxiliaires dociles dans la partie affolée de la population et se prépara froidement à tous les crimes. »

Heureusement pour la France Paris a été pris ; mais voilà qu'on s'est mis dans la tête de dépenser des millions pour faire exécuter de nouveaux ouvrages qui pourront permettre à l'Internationale de nous donner une représentation bien plus grandiose que celle de 1871. Qui donc ne voit pas que la patrie peut être enfin complétement ruinée et déshonorée par ce monstre armé qui devient chaque jour de plus en plus menaçant ?

Mais, dit-on, puisque le grand *Opéra* a été trouvé insuffisant, ne faut-il pas bien l'agrandir afin de donner satisfaction à l'une des nécessités de notre époque! Le théâtre avant tout!.... Le pain après!.... C'est le mouvement tournant des aspirations du peuple-roi, à l'époque de la décadence romaine : *Panem et circenses !*

Le paysan qui sue l'impôt ne refusera pas encore de se faire tuer lorsque la grande Babylone, ennuyée de ses plaisirs accoutumés, s'avisera de se régaler d'une nouvelle révolution. L'incendie ne pourra plus être éteint que dans des flots de sang. Il faudra sacrifier un armée entière de nos meilleurs soldats pour sauver la Capitale, comme une riche proie mise en lambeaux par des bêtes féroces devenues presque invulnérables; mais le spectacle n'en sera que plus tragique. L'art ne pourra qu'y gagner et les directeurs du *Théâtre* aussi. Voilà le progrès républicain !

Ce que nous avons de mieux à faire maintenant, c'est de choisir les positions stratégiques les plus avantageuses pour y établir des camps fortifiés, autour desquels nos armées vaincues pourraient se rallier afin d'arrêter une invasion, ce que ne put faire la France bloquée dans sa capitale en 1870.

Oh! ce n'est pas sans raison que l'un de nos plus illustres généraux s'exprimait avec tant d'énergie à l'Assemblée nationale, dans la séance du 27 mars 1874. Ayant à donner son avis au sujet des fortifications de Paris, il disait en parlant des deux plans proposés : « Je n'approuve ni le système restreint, ni le système étendu. Le premier est mauvais, le second est détestable... Employez votre argent à relever nos effectifs amoindris; inspirez confiance à l'armée; qu'elle s'habitue à compter sur son courage plutôt que sur des murailles. »

Le plan « détestable » a été adopté quand même, et l'on va faire exécuter, à grands frais, des travaux qui seront à peine terminés que l'inutilité en sera déjà peut-être officiellement reconnue; car un nouveau siége de Paris nous serait plus funeste que la perte de ces grandes batailles après lesquelles il ne reste plus qu'à faire promptement la paix. J'ignore si l'Assemblée nationale s'est bien rendu compte de l'importance de son vote, ou si elle a seulement cédé à l'un de ces entraînements irréfléchis qui ne sont que trop naturels à la veille d'un congé. La manière dont ce vote a été obtenu pourrait donner lieu de croire que les commissions ne voulant pas renoncer à l'exécution d'un travail si péniblement élaboré par elles, le ministère a cru devoir dégager sa responsabilité en compromettant celle de l'Assemblée qui n'a pas osé refuser une signature qu'on lui demandait comme une preuve de son patriotisme. On a dit à l'Assemblée : Votre « rôle est celui du bon sens public dans son acception supérieure, » mais vous ne sauriez avoir la compétence technique.

L'argument était péremptoire. Le vote a été accordé sur-le-champ, et l'Assemblée doit être bien convaincue qu'elle a statué en pleine connaissance de cause, puisqu'il y a des commissions chargées de penser pour elle. C'est une seconde édition du fameux vote de la Chambre en 1870. Le rôle de cette grave Assemblée était aussi celui du bon sens public dans son acception supérieure. Foi de commissions, lui avait-on dit : « Tout est prêt ! » — « Nous sommes tous allumés !!! »

Je sais bien qu'il n'est ni agréable ni sans inconvénient de mal parler des savantes commissions devenues si puissantes, depuis qu'elles ont été chargées de penser pour ce parlementarisme qui a bien autre chose à faire ; mais, entre Français, nous avons beaucoup de choses à nous tolérer, surtout depuis les derniers désastres qui sont restés à notre compte. Car enfin, pendant que nos généraux rejetaient la responsabilité de leurs défaites sur le ministère, et que les ministres s'excusaient sur les *savants* rapports ; pendant que le ministre de la guerre allait demander pardon à son maître que l'imprévoyance avait détrôné et conduit en exil ; pendant qu'on instruisait le procès d'un maréchal de France, un lambeau de la patrie était déchiré par un vainqueur impitoyable, et nos milliards suivaient *très-correctement* le chemin indiqué par le drapeau enlevé à notre héros, qui avait été terrassé par les armes que notre ministre de la guerre avait si *scientifiquement* appréciées, qu'on l'avait entendu dire, peu de temps avant la campagne, qu'il souhaitait que Dieu inspirât à nos ennemis de n'en jamais employer contre nous que de pareilles.

A la vérité, c'est surtout aux hommes de guerre que doit incomber la grave obligation de s'occuper des questions militaires, mais l'imprévoyance dont nous subissons tous les conséquences, nous a malheureusement trop bien appris que la dorure officielle ne suffit pas pour nous mettre à l'abri des désastres. En effet, à moins de donner à nos généraux une qualification qu'ils ne méritent pas, il faut bien reconnaître que ces braves gens avaient été étrangement induits en erreur, quant ils vinrent déclarer à l'Empereur et aux ministres qu'ils étaient sûrs de la victoire, ainsi que M. Olivier l'a fait savoir au public.

Cette illusion, dont toute la France est victime, devrait inspirer les plus sérieuses réflexions à ces hommes qui portent en leurs mains les destinées de la patrie. Mais malheureusement la routine *scientifique* est devenue une véritable passion. Les plus effroyables catastrophes semblent insuffisantes contre cette manie chronique qui fait rejeter dédaigneusement tout ce qui n'émane pas des *savantes* commissions; comme si l'ennemi devait se faire un point d'honneur d'établir selon la formule, « une tranchée parallèle à la fortification, » au lieu de commencer par brûler la ville assiégée, tout en fumant tranquillement le cigare ; ou bien encore, comme si une déroute *savante* devait être moins humiliante qu'une victoire réputée incorrecte, tant qu'elle n'aura pas été mise par l'École au nombre des classiques. En voyant que le ministre de la guerre, en 1874, paraît prendre au sérieux l'idée émise d'entourer Paris d'une « fortification en quelque sorte inattaquable, » je me rappelle avec une profonde douleur que le ministre de la guerre, en 1870, acceptait avec une crédulité aussi naïve les idées que lui formulaient les *savantes* commissions. Hélas ! qu'est-il arrivé?... Quel Français pourrait oublier cette scène si lugubrement tragique qui s'est passée chez nos voisins d'outre-mer, lorsque le maréchal Lebœuf alla faire ses adieux à la dépouille mortelle de l'Empereur ? Quel homme a pu rester insensible à la vue de cet accablement de douleur d'un brave soldat, qui semblait porter en lui toutes les angoisses de la patrie ? Il en portait, dans un cœur abreuvé d'amertume, toutes les responsabilités. Cependant on ne peut lui reprocher que de s'être reposé sur autrui du soin de penser pour l'État. Oh ! quel terrible enseignement nous donne l'exemple de ce « maudit » traînant par le monde les malédictions rivées à son nom !... Avis à ces arbitres de nos destinées qui semblent mettre au nombre de leurs priviléges l'habitude de ne jamais penser par eux-mêmes.

Il y eut un jour où le peuple que Dieu aimait se trouva exposé aux insultes d'un redoutable ennemi de Jérusalem et de son temple. Pendant que les deux peuples étaient campés en présence l'un de l'autre, et que les *habiles* gens de la cour étaient eux-mêmes à bout de *finesses* devant cette grande humiliation nationale, un berger vint s'offrir au roi d'Israël, pour terrasser l'orgueilleux Philistin dont la puissante armure et la taille de géant répandaient partout la terreur. En toute autre circonstance, une pareille démarche n'eût attiré que des huées à ce courageux citoyen. L'impuissance où se trouvaient réduits les *hommes du métier* fit qu'on accepta la proposition, tout en se réservant peut-être le bénéfice de la moquerie en cas d'insuccès. Néanmoins les *hommes capables* n'auguraient pas bien d'une démarche si contraire aux traditions militaires. Afin que l'action fût un peu moins *incorrecte*, on arma ce jeune homme de pied en cap ; mais il se trouva sous cette armure à peu près comme un Français dans une enceinte fortifiée. Il quitta cette armure. Il prit sa fronde et quelques pierres. Puis, guidé par son instinct, il s'avance vers l'homme de fer. Il le frappe au front, et l'insolent blasphémateur roule sur la poussière.

Notre situation actuelle a quelque analogie avec celle-là. Nos plus *fins* politiques et nos hommes les plus vaillants sont profondément découragés. Ils ne voient plus de ressource que dans l'épaisseur du blindage. Or, ce n'est que par un procédé tout contraire que nous pourrons ressaisir la prépondérance que nous avons perdue. Notre ennemi a sur nous, comme le Philistin, l'avantage de la force brutale. Nous avons sur lui, comme le héros d'Israël, la supériorité que nous donne une aptitude qui vaut mieux que l'armement le plus formidable.

Tout homme a horreur de la mort, mais personne ne la méprise comme le Français sur le champ de bataille. C'est là que l'audace, guidée par le génie, nous fait enfanter des prodiges en décuplant nos forces. C'est donc de ce côté-là que nous devons diriger toute l'énergie de notre volonté ; car si nous dirigions nos ressources et les facultés de notre intelligence du côté des villes *imprenables*, nous nous condamnerions à une infériorité irrémédiable, puisque notre ennemi a eu ce moment la supériorité du nombre, de la force et des milliards.

Bien peu de gens sont capables de considérer de sang-froid le spectacle horrible des tueries du champ de bataille. L'observateur reste stupéfait quand il cherche à se rendre compte de ce phénomène contre nature. Il ne peut contempler, sans frissonner, cette résignation avec laquelle les premières lignes attendent une mort certaine et cruelle, que chaque minute rend plus inévitable. C'est effroyable pour quiconque n'est pas familiarisé avec cette scène de carnage ; mais il y a encore quelque chose de plus étonnant, c'est la fureur de tuer qui s'empare subitement de ces masses sous l'action de l'étincelle électrique que font jaillir les éclats du clairon. Eh bien ! cette *furezia* est justement ce qui nous donne une si grande supériorité à la guerre. Les Prussiens, comme les autres, la redoutent plus que toutes les places fortifiées.

Le Français *casematé* ne peut être qu'un soldat vulgaire ; car c'est par l'audace que se distinguent les légions de la Gaule. Il n'y a rien de comparable à l'impétuosité irrésistible de nos armées, quand elles sont conduites par un homme d'audace et de génie.

Il est vrai que ce n'est qu'à de longs intervalles qu'apparaissent ces hommes extraordinaires qui font époque dans l'histoire des siècles. La science n'y peut rien. Rien ne peut suppléer l'inspiration. Il n'appartient qu'au génie de transformer subitement des conscrits en héros. Lui seul sait communiquer ce degré d'enthousiasme qui ne laisse dans le cœur que la fureur de combattre. Lui seul sait rendre embarrassantes pour l'ennemi ces troupes nombreuses, aguerries et formidablement armées, que des généraux, seulement *capables*, croient nécessaires à la victoire. Lui seul sait faire exécuter, avec succès, ces manœuvres audacieuses qui jettent l'épouvante et le désordre dans les rangs ennemis, en déroutant toutes les combinaisons de la stratégie. C'est le secret du génie. C'est un secret que lui-même ne connaît bien qu'au moment de l'action. L'inspiration brille comme l'éclair au jour de la tempête. Personne ne peut la prévoir. Personne ne peut l'arrêter. Personne ne peut se l'approprier. Passée à l'état de science, elle ne ressemble plus qu'aux aérolithes conservés dans nos musées, et auxquels il ne reste que la propriété de nous causer cette sorte d'admiration mêlée de stupeur, qui est le propre des phénomènes météorologiques. Les *hommes spéciaux* peuvent bien en faire l'objet de leurs savantes dissertations, mais il n'est pas en leur pouvoir de reproduire le météore qui cesse d'exister en entrant dans le domaine de la science.

Bien que la France soit féconde en grands hommes,

nous ne pouvons pas nous flatter cependant d'avoir toujours à notre disposition ces génies qui valent des armées, car leur apparition n'a rien de régulier. C'est un phénomène qui se produit quelquefois au moment où l'on s'y attend le moins. Le météore brille, il éblouit, puis il disparaît en laissant un souvenir dont le merveilleux augmente d'âge en âge.

Ces hommes providentiels sont des instruments que Dieu n'emploie que pour le salut ou la ruine des nations. Ils renversent tout sur leur passage. Ils brisent tout ce qui résiste. Les obstacles les plus insurmontables ne servent qu'à donner plus d'éclat à leur gloire.

Il n'est pas au pouvoir d'une nation de se donner ces hommes qui dérangent le cours naturel des événements en bouleversant les empires ; mais elle peut toujours se former d'excellents citoyens dont le patriotisme est souvent plus utile. Leurs actions ont moins d'éclat, mais les avantages qu'elles procurent sont ordinairement plus durables. Or, le meilleur moyen d'avoir des citoyens dévoués à la patrie, c'est de travailler à former de bons chrétiens.

Tout le monde sait aujourd'hui qu'une armée de chrétiens devient bien vite une armée de héros sous l'action de la discipline militaire. D'ailleurs la religion seule peut faire disparaître ce qu'il y a d'odieux dans cet ordre inhumain qui envoie des milliers d'hommes à la mort. Le chrétien mourant est un citoyen qui ne se sépare de ses amis d'ici-bas que pour aller se réjouir avec ceux du ciel. Il ne fait que changer de patrie. Les angoisses de la mort sont pour lui comme les adieux du soldat qui reçoit son congé.

Le cœur de l'homme a besoin des joies de la famille. Les fêtes de famille sont les plus agréables sur la terre, et pourtant elles ne sont qu'une ombre de celles du ciel. Voilà pourquoi le chrétien reçoit la mort avec joie. Il ne quitte ses frères d'armes que pour aller rejoindre ceux qui l'ont précédé dans le voyage de l'homme vers l'éternité. La consigne l'avait retenu dans les rangs, mais il cède sa place à un autre dès que l'heure du départ a sonné. Il s'empresse d'aller jouir du fruit de ses travaux, loin du tumulte des combats, dans la société des élus. La mort la plus cruelle devient elle-même une faveur, car c'est un sûr moyen de passer directement du champ de bataille au séjour de la gloire.

Un étranger a dit que tout homme en ce monde a deux patries : « son pays natal et la France. » Eh bien ! il est beaucoup plus vrai de dire que tout Français a deux patries, la France et le ciel.

Le Français ne peut pas manquer de se plaire en paradis, car il y est tout à fait en pays de connaissances. Il y retrouve sa famille ainsi que ses amis qui sont fort nombreux. Il doit y être bien vu aussi, attendu que ses parents et ses amis y occupent des places de distinction. Le Christ régnant est même son ami particulier : *Christus amat Francos.*

Le Français est né pour la guerre. Voilà le trait caractéristique du descendant des compagnons d'armes de ces Brennus qui remplirent tout l'ancien monde du bruit de leurs courses aventureuses. Quand il n'a pas d'armées ennemies à combattre, il va se battre en duel, et l'on sait que dans une seule année, sous le règne d'Henri IV, environ quatre mille gentilshommes périrent dans ce genre de combat qui devient une passion comme une autre.

Lorsque les duels ne suffisent pas, il se met à faire des guerres civiles. Ce sont les inconvénients d'une passion héroïque qui ferait de lui un terrible scélérat, s'il n'était pas catholique. Il faut qu'il soit catholique et guerrier. C'est dans son tempérament. Il mourrait d'ennui si l'on pouvait le condamner à devenir un peuple comme un autre. Il est tourmenté du besoin de se sacrifier pour obtenir les hommages de la terre et les bénédictions du ciel ; c'est pourquoi tous les opprimés trouvent en lui un défenseur désintéressé. Il ne se plaît bien qu'à combattre pour la gloire. La gloire !... voilà ce qu'il ambitionne en ce monde et dans l'autre.

Il est le soldat du Christ : *Gesta Dei per Francos.* Il a été donné pour chevalier d'honneur à la Reine des cieux à laquelle la France s'est consacrée : *Regnum Galliæ, regnum Mariæ.* C'est lui qui est chargé de protéger l'Église. C'est sur le champ de bataille de Tolbiac qu'il reçut cette mission providentielle. Plus tard les brillants exploits de Pépin et de Charlemagne la transformèrent en un glorieux protectorat qui a donné tant de prestige au nom français, en identifiant nos gloires avec celles du catholicisme.

Le nom Français est salué avec amour partout où le missionnaire a porté ses pas. Les triomphes du catholicisme sont devenus en quelque sorte les nôtres, depuis que nous avons été chargés de le représenter et de le défendre parmi les nations. C'est à cette alliance divine que nous devons cette auréole dont l'éclat céleste a ébloui tous les regards.

La faute la plus impardonnable de Napoléon III, est d'avoir rompu avec les traditions historiques de cette France généreuse qui tient plus à l'honneur qu'à la vie, et qui consentait à ne lui demander compte de rien, pourvu qu'il la conduisît toujours à la gloire. Napoléon III n'était pas méchant. Il aima beaucoup la France, et surtout Paris qui le détestait, mais il avait peur de se faire assassiner par les francs-maçons qui s'étaient avisés de lui envoyer, pour étrennes, les bombes d'Orsini. Il se conduisit en lâche ! Il trahit les catholiques qui l'avaient élevé et soutenu au pouvoir en haine de la révolution. Il fit, à leur insu, un pacte, une « exécrable alliance avec la révolution européenne, » et ce fut, en réalité, cette ignoble capitulation qui amena Sedan. « Louis-Napoléon s'effraya des bombes d'Orsini; on lui supposait plus de grandeur d'âme.... Il était si aveuglé, si soumis aux sociétés secrètes, qu'il répondait au maréchal Randon, lui conseillant de déclarer la guerre à la Prusse, après Sadowa : *Attendons quelques années, je veux laisser se former une nation protestante qui puisse intimider le Pape et ses cléricaux.* »

Qui donc aurait jamais pu croire que ces quelques milliers de francs-maçons suffisaient pour faire trembler un Napoléon, à la tête de cette héroïque armée française dont les drapeaux ont parcouru l'univers en triomphe ? Quel homme de cœur aurait pu supposer un pareil langage dans la bouche de cet empereur des Français qui avait sollicité et obtenu, pour son fils, l'honneur d'avoir pour parrain le représentant de Jésus-Christ sur la terre ?...

Potius mori quam fœdari.

C'est à la chevalerie française du moyen âge qu'appartient l'honneur d'avoir parfaitement réalisé cette sublime inspiration, en donnant au dévouement et à la mort du héros chrétien un charme et une poésie jusqu'alors inconnus. Le chevalier se dévouait par serment à la défense de toutes les nobles causes. L'honneur était son drapeau. La gloire était sa récompense. Il y attachait plus de prix qu'aux milliards que les Prussiens nous ont enlevés. Toute l'ambition du chevalier était de recevoir une couronne des mains de sa souveraine. C'est ainsi qu'il doit en être au divin séjour de la gloire !

La sollicitude que notre auguste Protectrice a pour nous n'est ignorée de personne. Cette gracieuse Souveraine s'intéresse à nos triomphes aussi bien qu'à nos malheurs, comme si le sort de l'Eglise était inséparablement uni à celui de son peuple bien-aimé. Ses avertissements avant et pendant la guerre sont connus de tout le monde. Sa tendresse pour nous est si grande qu'elle n'a pu être rebutée, même par des infidélités comparables à celles qui conduisirent les Israélites captifs sur les rives de l'Euphrate. Nous avons été fort durement châtiés, il est vrai, mais pour nous, comme pour les Israélites, les grands châtiments sont un véritable bienfait, quand l'apostasie est devenue un crime d'Etat. Nous sommes cependant bien plus heureux que l'enfant de Sion. Celui-ci n'avait que ses prophètes pour fléchir le courroux de Jéhovah, au lieu que nous autres nous avons une Protectrice bien plus puissante au ciel qu'Esther sur le cœur d'Assuérus, et elle veille sur nous comme une mère sur son enfant chéri. Les apparitions de la Salette, de Lourdes et de Pontmain, etc., prouvent combien nous sommes aimés au ciel malgré notre ingratitude passagère.

La France est devenue le pays du miracle. Si elle veut se rendre digne de la mission providentielle qu'elle reçut à Tolbiac, l'Europe pourrait bien devenir, avant peu, le théâtre d'un de ces grands événements que la sagesse humaine ne peut expliquer.

Je sais bien que tout semble conspirer en ce moment pour donner une direction contraire à nos aspirations nationales. L'effort suprême de notre action gouvernementale paraît n'avoir pour objectif que de nous renfermer dans les limites d'un sensualisme égoïste ; comme si l'histoire ne nous apprenait pas que c'est la légende de tout peuple illustre qui entre dans la période de décadence. Mais comment donc nos hommes d'Etat peuvent-ils oublier ainsi que le Français ne saurait faire un pas sous le soleil, sans heurter du pied quelques débris de notre illustration passée? Croit-on qu'un grand peuple, comme nous le sommes, pourra s'accoutumer au rôle subalterne, pendant que toutes les nations conservent l'habitude traditionnelle de parler de nous, comme du premier peuple du monde ?.

La terre couverte de nos trophées et l'histoire remplie de notre souvenir, ne nous permettront jamais de nous oublier assez pour trouver le repos dans l'avilissement ; et, chaque fois que nos regards se porteront vers le ciel, nous croirons y lire cette devise gravée au fond de nos cœurs :

> *Héroïsme dans l'action !...*
> *Repos dans la gloire !...*

Tout soldat chrétien qui va mourir pour une sainte cause peut s'assurer la couronne du martyre.

La profession des armes est si glorieuse au ciel et sur la terre que Dieu lui-même a voulu se faire appeler le *Dieu des armées.* Voilà ce qu'on ne doit jamais perdre de vue quand on a l'honneur de porter l'épée !

Oh ! surtout en présence du pitoyable état dans lequel se trouve la France, jadis si florissante, combien n'y a-t-il pas d'hommes qui, à certains moments, seraient heureux de trouver un champ de bataille, pour chercher un adoucissement à leur peine, au milieu des enivrements de la victoire !... Hélas ! la vie est souvent plus douloureuse que la mort du héros.

Quand bien même l'on ne considérerait le champ de bataille qu'au point de vue philanthropique, on ne peut pas s'empêcher de reconnaître qu'il nous est extrêmement avantageux. Pour s'en convaincre il suffit de jeter un coup d'œil rétrospectif sur les calamités de la dernière invasion.

Les pertes et les souffrances du champ de bataille sont comme un total qu'on embrasse d'un coup d'œil. Celles des villes fortifiées ressemblent à ces mémoires détaillés qu'on ne peut solder qu'en se ruinant. Celles-ci sont d'autant plus funestes qu'elles impressionnent moins d'abord. Le découragement suit de près, et les désastres deviennent souvent irréparables. Le soldat français s'énerve dans les villes fortifiées. Il en vient jusqu'à préférer mourir de langueur plutôt que de faire un généreux effort qui pourrait lui conserver la vie en sauvant l'Etat. Les garnisons succombent. Les places sont pillées. Les armes qui s'y trouvent passent aux mains des vainqueurs, à moins qu'elles ne soient perfidement laissées pour faire une révolution comme cela est arrivé à Paris. Il ne reste aux citoyens échappés à la famine et aux épidémies que des souffrances qui durent aussi longtemps que la génération qu'elles déciment sans relâche.

Qui donc ne voit pas que nos garnisons, avec leur matériel de défense, auraient été bien plus avantageusement employées sur un champ de bataille que dans des places fortes, où nos armées sont venues se faire prendre comme dans un filet? Une bonne armée vaut même beaucoup mieux que les camps fortifiés, qui cependant peuvent rendre de si grands services au pays; mais tout cela ne suffit pas pour assurer l'avenir de la patrie. Il faut commencer par rétablir la monarchie traditionnelle, seule capable de servir de contre-poids à l'impétuosité turbulente du caractère français. La plus douloureuse des expériences nous a prouvé que le gouvernement plébiscitaire lui-même est incapable de nous protéger désormais contre la révolution, qui a dévoré toutes les institutions où l'on croyait pouvoir l'enchaîner. La révolution est un monstre furieux qui ne cherche qu'à dévorer la patrie. Il n'y a que le gouvernement monarchique et catholique qui puisse en triompher en France. Le septennat, qui laisse la carrière ouverte à toutes les ambitions, menace de faire disparaître, surtout parmi les classes inférieures, les notions les plus élémentaires de l'autorité. Et il ne faut pas s'en étonner, car enfin au milieu du trouble causé par la compétition de toutes les convoitises déchaînées, la plupart des travailleurs ne doivent être malheureusement que trop disposés à donner raison aux théories séduisantes des démagogues, qui font regarder le pillage lui-même comme un droit des majorités. On doit comprendre que, dans de telles conditions, la prospérité, qui ne peut être qu'accidentelle, ne saurait avoir pour résultat que de préparer un carnaval révolutionnaire un peu plus gras. En politique, comme pour notre armée de Sedan, il y a des situations fausses où le courage ne peut rien, pas plus que les finesses *académiques* et la haute influence du plus expérimenté des ducs. Quand on s'y est laissé acculer, on ne peut

que tomber avec éclat en ouvrant un abîme, à moins
d'avoir recours à quelque procédé encore inconnu de
de l'ennemi.

Il faut que par un effort suprême nous remontions cette
pente fatale où nous sommes, et sur laquelle, depuis
quatre-vingts ans, tous nos gouvernements roulent avec
le fracas des avalanches.

Sur l'un des plus glorieux champs de bataille qu'ait
illustrés la valeur française, Bayard eut l'insigne honneur
de conférer à son roi l'ordre de la chevalerie. Un plus beau
rôle encore est réservé au héros que le *premier gentilhomme
du monde* a jugé digne d'être appelé le « Bayard des temps
modernes. » Cet illustre soldat, qui a sauvé Paris de la destruction, peut rendre à son pays le plus grand service qui
lui ait été rendu depuis Jeanne d'Arc. En rétablissant la
monarchie il deviendra le sauveur de la patrie exposée aux
mêmes dangers que Paris inondé de sang et livré aux
flammes par la Commune. Et il ne m'est pas encore
permis de croire que cette entreprise puisse être au-dessus de son courageux patriotisme. Il peut être sûr que le
titre glorieux de *père de la patrie* lui sera bientôt décerné
par la reconnaissance publique ; car le peuple qu'on a si
perfidement trompé ne tardera pas à reconnaître qu'Henri V
est le seul qui soit véritablement digne de porter la couronne de France, *la plus belle des couronnes après celle du
ciel.* A la France, patrie des héros, il faut un noble caractère, comme celui de ce descendant de nos rois qui a
préféré se tenir éloigné du trône, plutôt que de souscrire
à des conditions que l'honneur ne pouvait ratifier. Par la
grandeur d'âme, aussi bien que par la bonté, cet auguste
chef de la maison de France deviendra bientôt aussi populaire que le bon roi Henri IV, dont le nom est si cher
au peuple.

Il est facile de décréter des amendes et de la prison
pour imposer silence au patriotisme ; mais tout cela ne
peut rien contre la force des choses.

La confiance ne se décrète pas !

Il ne suffit pas que notre héros promette de se charger
de l'ordre. Personne ne suspectera la loyauté de cette
promesse ; mais Napoléon III nous en disait tout autant,
ce qui n'a pas empêché la révolution d'emporter son
gouvernement comme une bulle de savon. D'ailleurs la
mort ne peut-elle pas à chaque instant faire disparaître

le seul obstacle qui empêche la radicaille d'assouvir sa voracité ?

Quand bien même le Soldat-Président, toujours l'épée à la main, réussirait pendant sept ans, à contenir, par la peur, la démagogie rugissante, est-ce que cette période de faction peut être considérée comme une forme de gouvernement ?... Ne pourrait-on pas plutôt la comparer à l'espace de temps pendant lequel s'aiguisait la faim du tigre, tenu à distance par la lance de ce belluaire de la Rome païenne, qui, en se retirant, semblait donner le signal du carnage ?

Les divers ingrédients du libéralisme maçonnique, qu'on trouve partout gratis ou à bas prix, ont produit un si funeste effet sur le tempérament de « la France de 89 », qu'au moment où je prépare cette troisième édition, l'Europe a déjà été rendue témoin d'un des plus incroyables spectacles qu'on puisse imaginer. Un rassemblement d'hommes, que le suffrage universel a proclamés ses élus, ont validé, entre autres élections, celle d'un fou renfermé dans une maison d'aliénés, et celle d'un rouge écarlate frappé d'inéligibilité par la loi, et qui est actuellement retenu en prison pour avoir conseillé, par geste, l'assassinat du Maréchal.

Voilà ce qui s'appelle déclarer officiellement. . . . .

. . . .

. . . .

. . . .

. . . au compte de cette France dont la monarchie avait fait un objet d'envie pour les souverains étrangers et d'admiration pour le monde entier ; mais que les doctrines révolutionnaires menacent de transformer en un immense . . . . Car déjà, de toutes parts, on entend crier, contre « l'infâme capital », la propriété, la famille, la religion, en un mot, contre tout l'ordre social, que

. . . .

. . . .

. . . .

. . . .

. . . .

. . . .

Annibal, nous dit l'histoire, commanda un jour « à son guide de le conduire dans le territoire de Casin. » Or le guide qui n'avait pas bien compris, lui fit prendre « une route toute différente ». Il en résulta qu'à un certain moment, le général carthaginois se trouva « enfermé de toutes parts, et dans la triste nécessité de passer l'hiver entre les rochers de Formies d'un côté, et de l'autre dans les sables et les marais affreux de Linterne. »

C'est dans une situation parlementaire fort semblable que Mac-Mahon, auquel on refuse le budget, s'est trouvé engagé, par les savantes bévues des Girondins qu'il avait pris pour guides, et qui ont trompé sa bonne foi toute militaire en lui faisant faire fausse route sur le chemin de 89.

Mais le général qui comprenait très-bien que son honneur et sa responsabilité ne seraient nullement dégagés par une démission de son commandement, signée même en pleurant, se conduisit en homme supérieur ayant la force de l'autorité, et l'autorité de la force.

Aucune manœuvre classique ne pouvait le tirer de ce mauvais pas... N'importe !... L'ingénieux tacticien employa un procédé extraordinaire et sortit, à la grande stupéfaction des ennemis qui croyaient le tenir prisonnier, comme un chef de gouvernement conservateur acculé par une majorité radicale, entre les deux termes de ce dilemme inconstitutionnel :

« Se soumettre ou se démettre. »

Tout Français aimant la patrie n'a pu qu'applaudir aux nobles paroles que l'illustre chef du gouvernement adressait, en 1874, aux élèves de l'Ecole de Saumur ; mais nous savons tous qu'il n'est pas naturel que le soldat se fasse tuer pour une idée abstraite. Or, que deviendront l'*abnégation* et le *devoir* quand quelque. . . . . . .

. . . . . aura remplacé Mac-Mahon mort ou démissionnaire devant une majorité radicale?

Ce passage de la première édition, publiée en juin 1874, fut gracieusement qualifié de « stupidité », par un personnage important qui est trop humilié en ce moment pour que je me donne la satisfaction de le nommer ici. Mais les événements ont marché très-logiquement depuis ce temps-là, et les habiles du parlementarisme, qui jouaient alors nos destinées avec un si insolent sans-gêne, ont vu que leur « stupidité » a déjà eu pour premier résultat de nous conduire au bord de l'abîme prêt à s'ou vrir sous nos pas. Car l'on se rappelle qu'au mois de juin de cette année 1877, le Maréchal annonça qu'il se retirerait si la dissolution de la Chambre lui était refusée. C'était aux délégués de la droite que le chef du gouvernement adressait la parole en ce moment. La catastrophe allait donc éclater sans le patriotisme des légitimistes qui avaient été si indignement traités par le pouvoir de la précédente Assemblée nationale.

Les finauds du Parlement avaient voulu faire, en ce temps-là, une gentille petite république orléano-bourgeoise, ni radicale, ni cléricale, qui permettrait d'attendre joyeusement la mort d'Henri V, en passant l'hiver à l'*Opéra* et la belle saison au milieu des douceurs de la villégiature, ou bien encore à la Bourse, où le concours clandestin du télégraphe officiel des Affaires étrangères, permet à certains privilégiés do faire de si beaux coups à ce jeu de hasard. Tout s'arrangeait ainsi pour le mieux, en perspective, dans le cerveau de ces *profonds* politiques qui se voyaient déjà ministres, ambassadeurs, sénateurs inamovibles, etc, pendant que leurs parents ou amis s'installaient dans les préfectures, les sous-préfectures et autres places qui donnent de la considération, et qui sont copieusement rétribuées par le peuple, la « vile multitude », comme disait, en son langage de parvenu, le petit bourgeois voltairien nommé Adolphe Thiers. Car voilà comment, ce courtisan du suffrage universel traitait le populaire. Ce gueux enrichi n'aurait pourtant pas dû oublier qu'il était sorti de cette plèbe où il fut peut-être toujours resté, s'il n'avait pas été gratifié d'une bourse, bon de charité prélevé par l'impôt sur les sueurs du peuple. En effet, « lorsque Napoléon créa l'Université, nous dit un biographe, on distribua des bourses en grand nombre. Beaucoup de parents pauvres tendirent les mains à la munificence impériale, et le jeune Thiers entra gratuitement au lycée de Marseille.

» Il avait tous les défauts de son âge et quelques-uns de plus encore. Vif, mutin, querelleur, indiscipliné, gourmand, il était avec ses camarades en bataille éternelle, se faisait cribler de pensums, n'étudiait pas, et vendait ses livres pour acheter du sucre d'orge ou des pommes vertes. La férule et le cachot n'intimidaient en aucune sorte notre vaurien. Ses professeurs étaient aux abois. Un jour, il étala perfidement de la poix de Bourgogne sur le siége du régent de sixième, afin, disait-il, de le rendre inamovible », comme un sénat républicain !

Il continua ce genre de vie jusqu'à une certaine circonstance où on lui infligea « huit jours de cachot » et une réprimande qui « fut terrible. Cédant à sa nature espiègle, il n'avait pas compris jusqu'alors la position d'un boursier. On la lui fit sentir, et cette humiliation de l'amour-propre amena chez lui la métamorphose la plus complète et la plus inattendue. »

C'est comme ce qui arriverait chez les radicaux si par un acte d'autorité, Mac-Mahon leur faisait comprendre qu'il n'a pas été créé maréchal de France pour leur livrer l'armée.

Plus d'un symptôme alarmant donne déjà lieu de craindre que l'honneur militaire, abandonné à lui-même, ne succombe enfin aux caresses de la révolution, si l'on ne se hâte de soustraire le pouvoir à l'ambition effrénée de ces hommes qui ne voient dans l'armée qu'un vil instrument de révolution.

Quand le militaire, qui doit toujours être la personnification même de *l'homme d'honneur*, est devenu un mercenaire que l'on caresse et qu'on soûle pour arriver au pouvoir, l'armée ne tarde pas à devenir une vile et brutale soldatesque dont la passion dominante est de faire des Césars, de ces Césars dont les dynasties éphémères ne durent pas plus longtemps que l'ivresse du soldat. Toute dynastie qui doit son origine à une orgie du peuple ou de l'armée, aura fatalement le sort du champignon. Au sortir de la débauche politique, l'armée, ainsi que le peuple ameuté, n'a rien de plus pressé que de renverser son idole de la veille. Du nouveau, des *soûleries* et des cadavres de Césars à traîner par les rues, voilà ce qu'il faut à la soldatesque et à un peuple matérialisé. C'est le spectacle navrant que nous offre l'histoire de cette décadence de l'empire romain, où les légions abruties jouèrent un rôle si hideux.

Le plus puissant empire qui fut jamais, disparut avec ses légions comme un champignon pourri.

Le septennat, « qui théoriquement n'a pas le sens commun », est comme une oasis où une caravane haletante peut bien stationner, mais où l'on ne peut pas se reposer sans s'exposer à devenir la proie des bêtes féroces du désert. Nous ne pouvons pas y rester plus longtemps sans épuiser inutilement le peu de ressources qui nous restent.

Une existence aussi précaire ne peut donner d'espérance qu'à ces animaux carnassiers qui épient le moment où ils pourront saisir leur proie. Aucun Français ne saurait rester indifférent à une pareille situation. Il faudrait être fou pour s'y croire en sûreté! « On a trouvé des raisons pour le septennat; elles sont absurdes, » et tout le monde le voit bien maintenant qu'il s'agit d'organiser cette conception qui nous a donné, pour gouvernement, une sorte de bateau à soupape où personne ne voudrait rester sans la probité personnelle du Maréchal et la confiance qu'il inspire.

Et puis, voyez donc les ravages effroyables de ce travail d'anarchie et de démoralisation qui se poursuit, jusque dans les plus paisibles hameaux, avec une activité persévérante vraiment inouïe! C'est comme le travail incessant d'une multitude de tarets dans les flancs d'un navire. C'est au naufrage qu'il faut s'attendre si l'on ne se hâte d'y apporter remède (1)!

Au lendemain du plébiscite, quelqu'un qui observait avec anxiété ce qui se passait alors, essaya de faire comprendre au chef de l'État que son gouvernement fraîchement radoubé, glissait sur la pente d'un gouffre. On n'accorda qu'une attention fort distraite à ces observations dictée par le patriotisme. On estima qu'il était plus digne de la majesté du trône de s'en rapporter aux appréciations mensongères des personnages plus autorisés qui assuraient que tout était pour le mieux; mais, quelques mois après, ce souverain, qui avait été si puissant, connut par sa propre expérience qu'il n'y a pas de peste plus à redouter pour un Etat, que la flatterie des courtisans. Traîné dans un wagon de bagages, il répétait, dit-on, avec l'accent du désespoir: « Oh! comme j'ai été trompé!!! » Eh bien! il suffit d'observer de même, avec attention, le cours précipité des événements qui se déroulent sous nos yeux,

(1) Je serais curieux de savoir ce que pense aujourd'hui, en décembre 1877, ce personnage oisif qui croyait pouvoir donner une haute idée de son importance, en déployant fastueusement toutes ses capacités pour ridiculiser le campagnard qui avait eu l'impertinence de dire, en 1875 : « Le Chef du gouvernement se trouve en ce moment sur la pente d'un crime politique qui approche de la trahison ou d'une sorte de stupidité. »

Hélas! comment donc appeler, en français, un 24, et un 16 mai à l'envers?... Le *Réveil* compare cette « passivité constitutionnelle », à celle de « Louis XVI coiffé du bonnet phrygien par Legendre, dans la journée du 10 août » Il y a trois ans que j'ai annoncé ce résultat.

pour être à même d'annoncer avec certitude que nous marchons logiquement à la plus effroyable des catastrophes ; pendant que nos 700 souverains, comme des espiègles de collége, passent leur temps à se faire des niches, à travers cette toile d'araignée qu'on appelle la constitution ; ce qui permet à Bismarck de ruiner, l'une après l'autre, toutes nos chances de succès et de nous préparer ainsi un double Sedan parlementaire et diplomatique, prélude d'un démembrement, qui ne nous laisserait que la honte et la ruine en partage.

Eh bien ! Monsieur le Maréchal, qui de vos courtisans ou de moi a le mieux prévu ce qui vient d'arriver ? Vous vous êtes entouré de tous les genres de seigneuries et capacités en renom, et voilà qu'en suivant leurs conseils, vous êtes tombé dans le plus affreux gâchis politique. Est-ce que vous allez pousser le fétichisme de l'étiquette, jusqu'à vous refuser indéfiniment à une démonstration que je me charge de rendre aussi claire, aussi précise, aussi concluante que mes démonstrations de balistique ? Voulez-vous donc ressembler à ces ineffables commissions mixtes qui sont devenues l'une des plus remarquables curiosités du *monde savant* ? Ne me dites pas que ma proposition ne saurait avoir aucune chance de succès. Essayez !... Que pouvez-vous donc trouver là de si invraisemblable, après avoir vu une nombreuse majorité de royalistes proclamer la république, à la majorité d'une voix, de peur de causer du chagrin à la canaille qui préfère Rochefort à Henri V, et Gambetta au duc de Magenta ?

Croyez-vous que votre rôle de Soldat-Président doit consister à pleurer, en laissant votre gouvernement *conservateur* rouler, avec des secousses plus ou moins violentes, sur une litière de ministres, vers cette époque de plus en plus rapprochée, qui pourrait être le terme de notre existence sociale ? Hâtez-vous donc de mettre un terme à vos irrésolutions et aux effets désastreux de notre ineptie gouvernementale. Hélas ! comment ne pas être violent, quand on voit diminuer chaque jour nos chances de succès !... Oh ! Monsieur le Maréchal ! je vous en conjure, ne vous laissez pas réduire à « signer sans regarder », la capitulation de notre chère patrie.....

Je prévois bien, Monsieur le Maréchal, que ce langage va encore être vivement critiqué par des gens qui ne savent que faire de leurs loisirs. Mais, dites-moi donc, qu'auriez-

vous répondu à celui d'entre eux qui serait venu vous faire
des observations sur la tenue *incorrecte* de votre uniforme,
pendant que vous étiez occupé à sauver les débris de votre
armée de Reichshoffen ? A quoi bon s'occuper de formules
d'étiquette quand il s'agit de faire cesser à tout prix cette
inconcevable fascination qui, de concession en concession,
vous pousse fatalement vers la gueule béante du monstre
prêt à dévorer sa proie !

Si cette fascination ne cesse pas au plutôt, il ne restera
plus à madame la Maréchale de Mac-Mahon qu'à faire
placer dans la chambre de son illustre époux, les gravures
qui représentent les diverses stations de l'agonie politique
de Louis XVI, depuis la capitulation royale à Versailles,
jusqu'à la captivité à la Tour du Temple. Une place
spéciale devra être réservée pour un grand tableau où
l'on verra, d'un côté, le *trop* bon Louis XVI « cédant aux
conseils de Liancourt », et se rendant aux sommations de
l'Assemblée, en signant « un grand acte de réconciliation »,
que le *peuple* accueillit par les cris de « Vive le roi ! » De
l'autre côté, ce monarque infortuné se montrera présen-
tant sa tête au couteau de la guillotine, à la vue des
troupes *commandées* par le brasseur Santerre.

Au-dessus de ces deux épisodes de la période révolutionnaire, un large médaillon, de date récente, exposera
aux regards la silhouette du Soldat-Président, signant la
révocation de ses fonctionnaires les plus dévoués, et
devenant l'instrument passif du radicalisme, après avoir
déclaré à la face du monde entier qu'il ne gouvernerait
jamais avec les gauches.

O Assemblée nationale ! quelle humiliation désastreuse
vous auriez épargnée à notre bien-aimée patrie, si vous
aviez compris à Bordeaux, que rien n'était plus pressé que
de rappeler, avec le titre *d'empereur* et roi, l'héritier légi-
time du trône de Charlemagne, de Saint-Louis, d'Henri IV
et de Louis-le-Grand, afin que la France puisse reprendre
sa place d'honneur parmi les nations, à l'ombre du drapeau blanc portant avec ses fleurs de lis l'emblème de la
révolution terrassée !

Bismarck avait si grand'peur qu'il en fût ainsi, qu'il
ne cessait de recommander à son ambassadeur à Paris, de
faire tout ce qui était en son pouvoir pour affermir le
gouvernement de M. Thiers, dans la crainte qu'une restauration monarchique ne privât la Prusse du béné-

fice de ses victoires. Car, disait-il, « on nous prierait alors d'une façon amicale de favoriser le développement du germe monarchique, en faisant à la monarchie, au point de vue du paiement et de l'évacuation, des concessions que nous aurions refusées à la république. »

Il faisait observer que les autres souverains, amis d'Henri V, pourraient bien se tourner alors contre la Prusse, dont ils ont peur et qu'ils détestent ; puis il disait :

« Il en résulterait bientôt un groupement des Etats européens très-gênant pour nous. »

Bismarck ajoutait encore :

« L'inimitié de la France nous oblige de désirer qu'elle reste faible. » Et il en concluait qu'il est de la plus haute importance pour la Prusse de nous maintenir en république. Puis il terminait ainsi : « Ceci est ma conviction, et elle m'empêche de conseiller à Sa Majesté de contribuer à encourager le droit monarchique en France. »

Ah ! ineptes septennalistes, bourgeoisie d'antichambre, roture ducale, blagueurs de salons, voyez donc l'impuissance où nous ont réduits vos mesquines ambitions et votre savoir-faire d'hommes d'Etat ! Allons, Messieurs les parlementaires libéraux, « politiques expérimentés, » seigneuries académiques, contemplez à loisir ce chef-d'œuvre de vos profondes et savantes conceptions en présence du drame navrant que nous avons sous les yeux !...

Assurément, ce n'est pas ainsi qu'on devrait parler aux représentants officiels d'une nation qui fut la reine du monde. Mais enfin est-ce ma faute, si ce langage est le seul que puisse comprendre cette plèbe seigneuriale et bourgeoise, à laquelle toute autre littérature cause des attaques d'épilepsie ? Voyez donc quelle tempête d'interruptions frénétiques soulèvent ces *beaux* discours *classiques*, dont les tronçons s'entassent pêle-mêle, dans le fossé fangeux des exécutions parlementaires, après avoir passé sous le couteau de cette étrange guillotine qu'on appelle la question *préalable !*...

Comprendrez vous enfin, Messieurs les Girondins, qu'il ne s'agit plus maintenant de bavardage oratoire ?

Il est grand temps de déblayer la politique de vos utopies gouvernementales, qui ne peuvent plus avoir désormais qu'une valeur purement archéologique.

Ces débris de rhétorique ne font qu'entraver la marche des événements vers la monarchie où il faudra bien revenir pour échapper au despotisme de ces *libéraux*, qui veulent confisquer le *droit* constitutionnel que nous avons de nous débarrasser *légalement* de cette République, qui a pu trouver une voix de majorité, uniquement parce qu'elle n'exige pas le serment de fidélité, et qu'elle doit laisser aux fonctionnaires mêmes, la pleine et entière liberté de leurs opinions politiques, contrairement au devoir qu'impose un gouvernement définitivement constitué.

On ne saurait croire maintenant tout ce que la patrie gagnera en influence quand elle sera représentée par notre brillante famille de France, réunie tout entière autour de cette Majesté impériale et royale, la plus auguste qui soit au monde. C'est alors seulement que pourront s'exécuter, sans péril, ces grandes manœuvres de la diplomatie qui, comme les grandes batailles, décident du sort des empires. Sous l'action puissante d'un ministre de génie ayant la confiance de son souverain, nous rentrerons en possession de ce pays d'Alsace et de Lorraine où l'enfant montre son cœur au Teuton pour indiquer la France. Il n'y a pas de Bismarck capable d'empêcher ce résultat qui dépend de Mac-Mahon. Si Bismarck cherche réellement l'intérêt de son pays, il s'efforcera lui-même de favoriser cette restitution, car il sait bien que sa victoire est due à l'imprévoyance de nos gouvernants, et au concours de certains républicains qui ont trahi la patrie, à la manière de ces orateurs d'Athènes que les satrapes de Perse tenaient autrefois à leur solde. Il doit comprendre maintenant que l'Alsace et la Lorraine deviendront le tombeau de la Prusse, le jour où la France entreprendra de les sauver de vive force. C'est peut-être l'explication des croix mystérieuses qu'on a vues dans ces parages et qui semblent indiquer l'emplacement d'un cimetière.

Les transports de rage de la lionne se précipitant sur le ravisseur de ses petits, ne sont qu'une image bien faible du spectacle que donnera la France quand viendra ce duel à mort, rendu inévitable par la faute impardonnable que Bismarck a faite en nous enlevant nos deux provinces. Il y a dans le cœur du Français de ces colères patriotiques qui peuvent aller jusqu'au paroxysme de la fureur. La Prusse serait épouvantée si elle pouvait connaître tout ce qu'elle doit redouter d'une infidélité de la fortune sur un champ de bataille. Ses hommes d'État eux-mêmes doivent être persuadés aujourd'hui qu'elle ne nous remplacera jamais avant de nous avoir anéantis comme nation. Il lui est encore impossible de jouer le premier rôle dans le monde, même depuis la détérioration morale que nous ont causée les doctrines malsaines qui ont empoisonné les Universités et qui auraient pu nous faire périr, sans le contre-poison que l'Eglise a déposé dans nos cœurs. Le Prussien ne pourra jamais acclimater, dans ses régions froides et stériles, ce qui fait le charme de cette nation française si merveilleusement favorisée du ciel, que Charles-Quint disait dans un transport d'enthousiasme : « Si j'étais Dieu, je voudrais que mon fils aîné fût roi de France ! » Ne pouvant nous égaler, le Teuton veut nous manger, après nous avoir déchirés à la manière de l'ours dont il a toute la rapacité.

Conformément à ses habitudes de duplicité, le premier ministre de Prusse paraît vouloir recommencer aujourd'hui sa comédie de Compiègne. Pendant qu'il envoie à Paris, pour espion officiel (1), une Altesse chargée de nous apporter des paroles de paix, il met tout en œuvre pour créer autour de nous des puissances ennemies, qui permettront de renouveler sur la France l'assassinat de la Pologne.

Le démembrement définitif de la France est le projet favori de Bismarck. Or, pour le faire réussir, il est absolument indispensable de créer, à Paris même, un parti prussien très-influent, afin de réduire la France à l'impuissance par les dissensions intestines. Voilà ce qui explique pourquoi le franc-maçon Gambetta est tant choyé par nos ennemis qui ne reculent devant aucune dépense pour s'en faire un proconsul capable d'étouffer le patriotisme, au nom de cette constitution républicaine, qu'il a commencé par faire violer à la Chambre, afin de s'assurer l'impunité nécessaire pour un courtisan de Bismarck (2). Toute la presse aux gages du grand-chancelier de Berlin, paraît être aux ordres du « tou-furieux », qu'on veut

---

(1) Après l'aventure relative au canon Uchatius, il me semble que personne n'osera plus me reprocher d'avoir employé une « expression si peu parlementaire », en parlant d'un envoyé de Berlin.

(2) Sachez, Monsieur le Maréchal, vous rappeler à un moment donné, que la Chambre a violé la constitution, et que le *Bien public* a cru pouvoir se permettre de dire en parlant de votre évolution vers la gauche :

« C'est la soumission sans pudeur. »

faire considérer comme la plus importante personnalité politique de notre pays. La diplomatie elle-même s'en mêle aussi d'une manière telle, qu'un député a pu dire en plein parlement, à Berlin, que l'ambassade prussienne semblait être accréditée auprès du Génois Léon Gambetta, bien plus qu'auprès du gouvernement du Maréchal.

. . . .
. . . .
. . . .
. . . .
. . . .
. . . .

» A toi Guillaume de Hohenzollern, merci !

» Le protestantisme triomphe et l'Église se trouve réduite au Vatican. Il y a là un motif de consolation, et on en a trop besoin pour le laisser échapper. »

Courez aux Ministères, messieurs les protestants de toute nationalité !...

L'ambassadeur princier que Berlin nous envoie aurait honte du personnage qu'on ose lui faire jouer, s'il avait assez de délicatesse pour comprendre tout ce qu'il y a d'ignoble dans de pareils procédés et dans l'infâme système d'espionnage que Bismarck avait organisé chez nous, à l'époque où les Allemands étaient reçus dans notre beau pays, avec toute la cordialité française, comme les enfants de la maison.

Il est étonnant que nos hommes d'État, comme ceux de l'Autriche, aient eu besoin de se faire duper par Bismarck pour s'apercevoir qu'ils avaient affaire à un fourbe. Ils ont joué le rôle piteux de cette pauvre souris qu'on voit entre les pattes du chat sur le blason maternel de Bismarck. Leur naïveté mériterait d'être photographiée.

Bismarck, Bismarck, tu donnerais ta démission, si tu savais comme il est facile de t'écraser sous les ruines de ton colossal empire (1). Fier diplomate, prends note de cet avertissement, et, quand l'heure de la vengeance

____

(1) Même au moment où je fais imprimer cette troisième édition, je conserve l'espoir que Mac-Mahon va enfin consentir à se laisser indiquer le moyen de sortir, par un triomphe, de la situation presque désespérée où il s'est laissé acculer, par son ministère académique qui lui a fait perdre son temps à signer « un tas de papiers » inutiles.

aura sonné, tu diras lequel de nous deux a été le plus clairvoyant.

. . . .

. . . .

. . . . Lis donc l'histoire de Charles V, de Charles VII, etc., et tu sauras que la France catholique n'est jamais plus près du triomphe que lorsqu'elle semble perdue *sans ressources*. N'oublie pas que la Providence a coutume de nous traiter comme une mère qui répare pendant la nuit les déchirures de la journée.

Ce passage de la première édition a été regardé comme « souverainement déplacé », par des politiques de *distinction*, que la moindre menace de la chancellerie prussienne met aux abois, car les *hautes et brillantes études* de ces messieurs semblent n'avoir eu pour effet que de leur donner des dispositions toutes particulières pour s'aplatir jusqu'à l'effacement. Ils se sont indignés d'une telle impertinence de ma part, sans songer que ma qualité de fils d'un ouvrier de campagne me dispense de certaines formules de pure courtoisie, surtout à l'égard du sieur Bismarck qui s'est permis d'oublier que noblesse oblige (au respect des convenances). Il a eu l'insolence de nous insulter comme catholiques et comme Français, sans le moindre souci de l'urbanité que lui impose sa dignité de prince, et, comme pour singer la manie de Frédéric II, qui se faisait une garde des plus beaux hommes achetés dans tous les pays, il s'est entouré d'un ramas de journalistes indigènes et exotiques, auxquels les Allemands honnêtes ont donné le nom caractéristique de *reptiles*. Non-seulement ces folliculaires salariés par le trésor ne cessent de nous injurier, mais grâce au surplus des fonds secrets dont ils s'engraissent, ils ont trouvé à Paris des républicains qui se sont chargés de leur faire écho.

La vénalité antinationale et corruptrice d'une certaine presse est devenue l'une des plus grandes infamies de notre temps. Les révélations qui se multiplient à ce sujet nous apprennent qu'elle est presque tout entière vendue à l'étranger. Il y a des journaux qui ont reçu jusqu'à « deux et trois cent mille francs par mois », surtout pour attaquer le catholicisme qui est resté comme le boulevard du patriotisme français ; d'autres, « quatre-vingt-mille francs (par an).... vingt mille.... dix mille », et ainsi de suite, selon le degré de leur influence.

Quand le grand-chancelier prussien emploie contre nous de tels procédés, est-il donc étonnant que je prenne la liberté de jeter à la face de l'Altesse bismarckienne la seule épithète qui puisse s'accorder avec une pareille bassesse de sentiments? D'ailleurs son dédain de favori justifie mieux encore ma manière d'agir à son égard. En effet, l'impératrice Augusta qui, quoique protestante, aime et *respecte* ses fidèles sujets catholiques, gémit de voir que le dévouement de ces laborieuses et paisibles populations n'est récompensé que par une stupide persécution religieuse qui fait rougir le prince Frédéric-Charles lui-même. Or, l'indignation de cette souveraine se manifesta un jour avec tant d'éclat, que tout son personnel en fut vivement impressionné, si bien que le premier officier de service de sa maison crut devoir se permettre de passer, sans saluer, à côté du nouvel Aman, qui emprisonne évêques et curés, chasse les religieux et les bonnes sœurs, et interdit au peuple de pratiquer la religion catholique, prouvant ainsi que le prétendu libéralisme protestant n'est qu'une odieuse tartuferie.

Bismarck en courroux se rend aussitôt chez l'empereur. Il se plaint de ce que « la valetaille » affecte de le mépriser... Peu s'en faut qu'il ne fasse dresser une potence à la porte du palais!...

Eh bien! si le premier serviteur de l'impératrice a pu être traité ainsi, pourquoi Bismarck, qui n'est que le premier serviteur de l'empereur, ne pourrait-il pas être qualifié de valet?

Ah!. . . . de Varzin, tu ne serais pas si intraitable aujourd'hui, sans « la veletaille » populaire qui forme les neuf dixièmes de l'Allemagne, et dont tu ne t'es servi que comme d'un marchepied pour atteindre au sommet des honneurs!

Notre abaissement momentané est comme une éclipse qui attriste la nature. Des prières sont chaque jour adressées au ciel pour nous, sur ces plages infidèles où le prestige du nom français sert d'égide aux indigènes convertis, comme sur les bords du Rhin où le protestant de Berlin, qui ne voit dans l'homme qu'un animal de caserne, traite les catholiques à la manière d'un tyran païen.

Nous avons des défauts comme tout le monde, mais nous avons aussi des qualités tellement supérieures, qu'elles font de nous un peuple incomparable. Quand la

France présidait aux destinées des nations, des peuples jaloux ne cessaient de nous décrier, sans tenir compte des immenses services que nous avons rendus. Notre chute leur a fait d'abord pousser un cri de joie, mais l'épouvante les a saisis quand ils ont vu toute la profondeur du vide que nous laissons en disparaissant. Cette disparition leur a fait mieux comprendre la grandeur du rôle que la France doit remplir dans le monde. Elle aura peut-être pour effet d'étouffer ces basses jalousies que soulevait notre mérite surnaturalisé par le catholicisme, qui a jeté sur la France ce vif éclat dont les reflets éblouissants ont illuminé toutes les nations de la terre. On ne pouvait voir sans dépit les hommages rendus au nom français sur tous les points du globe. Or, cette secrète jalousie s'est déjà effacée devant la grossièreté brutale de nos vainqueurs, dont les qualités elles-mêmes dénuées de toute grâce et de toute générosité, deviennent plus insupportables que ces défauts agréables du caractère français qu'on avait tant critiqués. On a déjà pris en dégoût ce sauvage armé de massue, qui traîne la science dans la boue, comme un lambeau de pourpre arraché à la France (1). Il n'est pas de cœur généreux qui ne souhaite en ce moment la prompte restauration de la nation chevaleresque. Que la France réponde à ce désir, et nous démontrerons bientôt aux applaudissements de toute la catholicité combien le Teuton est peu de chose !

C'est peut-être sous l'influence secrète de ce vague pressentiment qui est dans l'air, que Gladstone a parlé comme il l'a fait dans le grand banquet de Nottingham, au mois de septembre 1877.

Ce premier ministre de l'Angleterre nous avait lâchement abandonnés dans nos jours de malheurs, en 1870-1871. Il semblait oublier alors que nous avions été, pour son pays, des alliés dévoués, lors de l'expédition de Crimée. Nous n'avions pourtant rien fait depuis qui ne dût contribuer à augmenter encore les plus cordiales relations avec nos anciens frères d'armes de 1854-1855. Mais des raisons de négoce l'emportèrent sur toute autre considération, et notre vainqueur put se permettre tout ce qu'il voulut contre nous, sans crainte d'être inquiété.

---

(1) Il y a ici une allusion à l'emblème du drapeau prussien.

Eh bien ! cet homme qui présidait aux destinées du peu
britannique lors de la guerre de 1870, termine ainsi
discours :

«Nous avions jadis l'habitude d'appeler la France «no
ennemie nationale. » Cette abominable qualification n
plus de mise aujourd'hui (bruyants applaudissemen
et la pensée qu'elle exprimait n'existe plus dans nos cœ
ni dans la mémoire des Anglais, pas plus que le
n'est sur les lèvres (applaudissements)... La France
notre amie, notre voisine. Nous souffrons de ses s
frances ; si elle prospère, nous nous réjouissons d
prospérité, dans l'ardente amitié qui unit désormais
deux pays. »

L'orateur parle ensuite de sa « sincère et profo
admiration » pour notre patrie ; puis il ajoute :

« Peut-être les souffrances du pays en 1870 ont-e
été décrétées là-haut pour lui enseigner la sagesse. »

Cet homme d'État continua en faisant l'énumération
nobles qualités de « cette étonnante nation » qui
vraiment, dit-il, « une nation admirable ».

Et voulant faire ratifier ses appréciations élogieuses
ce peuple, il finit en disant :

« Si, comme j'en suis persuadé, vous êtes de mon a
à ce sujet, que les applaudissements de cette assembl
lui prouvent qu'il possède la sympathie du peuple anglai
(Salve bruyante et plusieurs fois répétée d'applaud
sements.)

Paris. — Imprimerie de E. DONNAUD, rue Cassette, 1.

www.ingramcontent.com/pod-product-compliance
Lightning Source LLC
Chambersburg PA
CBHW061242030726
47595CB00004B/1657